Illisibilité partielle

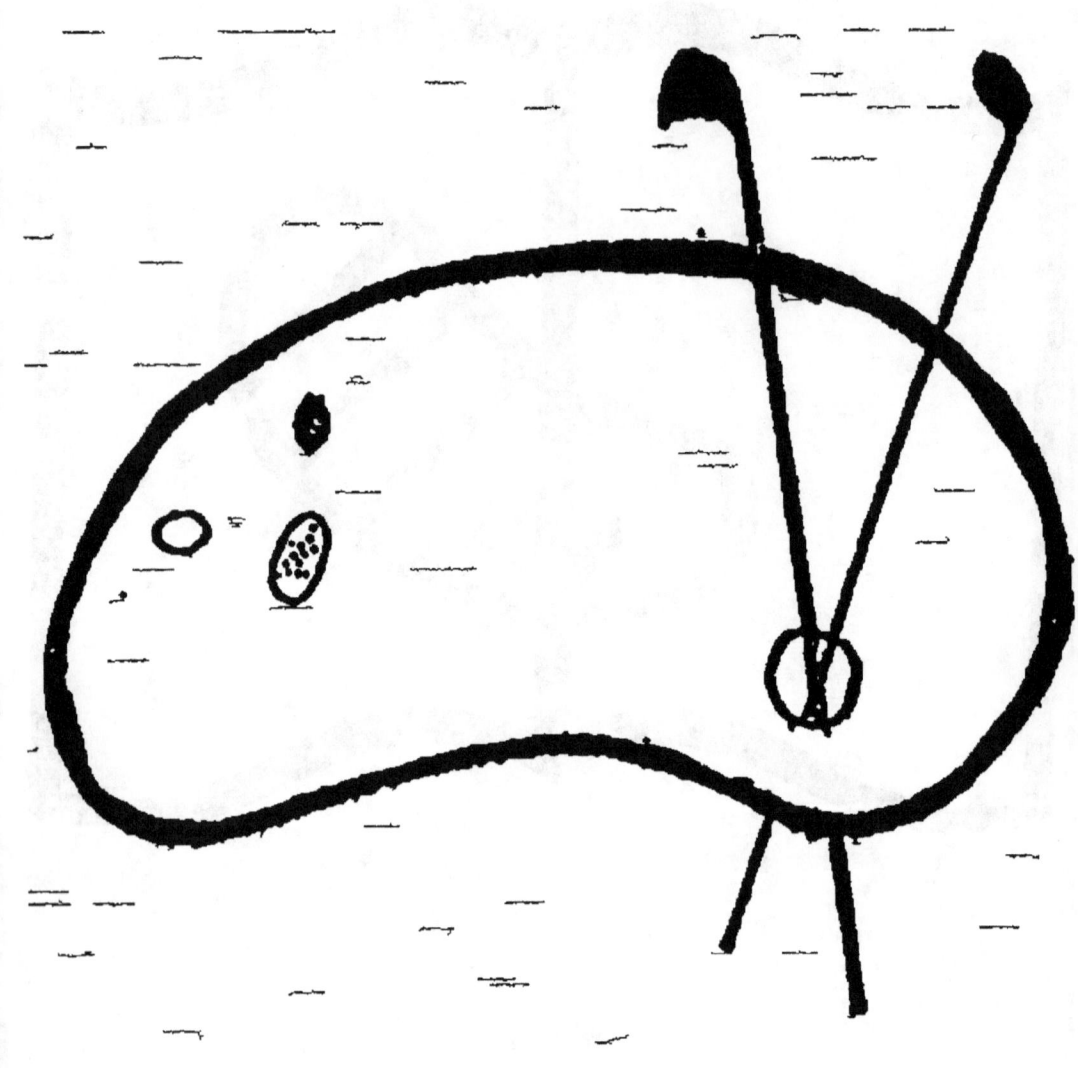

DEBUT D'UNE SERIE DE DOCUMENTS EN COULEUR

A cessé de paraître

| INVENTAIRE F.35.840 | LA LIVRAISON ? pages | **90** CENTIMES LE VOLUME de 260 à 300 pages |

LES GRANDS PROCÈS

COUR D'ASSISES

PARAISSANT
MEILLEURS AUTEURS
RÉDACTEUR EN CHEF
DE LA BRUGERE

F

ARTHÈME FAYARD, éditeur, 49, rue des Noyers, Paris

Cet ouvrage fait partie de la belle collection des GRANDS DRAMES DE LA COUR D'ASSISES publiés par Arthème Fayard, éditeur 49, rue des Noyers, à Paris.
Abonnement: un an, 52 brochures ; PRIX : 6 fr. 50.
10 centimes chaque numéro de 32 pages, *chez tous les libraires*.
Un numéro d'essai, avec le prospectus, est envoyé gratuitement aux personnes qui le demandent à l'éditeur par lettre affranchie.
CHAQUE DRAME SE VEND AUSSI SÉPARÉMENT :

	cent.		cent.
FUALDÈS, par Jules Beaujoint..	60	Lemoine et sa fille, par Charles Diguet...	25
BENOIT LE PARRICIDE, par de la Brugère...	25	LE FRÈRE LÉOTADE, par Gaston de Tayac...	40
L'ARMOIRE D'ACAJOU, par Alexandre Dumas...	15	LE SÉMINARISTE BERTHET, par Alfred de Bougy...	35
UN BAL SANGLANT, par de la Brugère...	10	L'ENFANT DE LA VILLETTE, par Turpin de Sansay...	50
LE CURÉ MINGRAT, par Jules Beaujoint...	25	LE COCHER COLLIGNON, par Théodore Labourieu...	25
SUREAU, *le perruquier amoureux*, par Jules Beaujoint...	15	LE CURÉ DELACOLLONGE, par de la Brugère...	25
HOMO, par de la Brugère...	10	Le curé ESNAULT, par Alfred de Bougy...	15
L'AUBERGE DE PEIREBEILHE 26 ans d'assassinat, *Martin Leblanc et Jean Rochette*, par Jules Beaujoint...	90	ARSÈNE ET JULIEN *ou la belle Arsène*, par Jules Beaujoint..	10
LE SOUTERRAIN DE CLIGNANCOURT *ou les dames de l'Hôtel Saint-Pharh* par de la Brugère...	15	LE CURÉ ROUBIGNAC, horribles tortures, atroces voluptés, par de la Brugère...	15
PAPAVOINE, par Adolphe Huard.	50	DUMOLLARD, par G. Sol...	60
COLLET, *le roi des Escrocs*, par Théodore Labourieu...	50	CAROLINE DE BRUNSWICK, par Alexandre Dumas...	90
LA LESCOMBAT, par Jules Beaujoint...	20	LE CURÉ RIEMBAUER, fornicateur, faussaire, assassin, empoisonneur, par Alfred de Bougy..	20
L'ASSASSIN DE LA FEMME SANS NOMS par Paul Mahalin...	20	HILARION SANTOS ou un curé espagnol bourreau et victime, par Alfred de Bougy...	15
LE BARBE BLEUE PRUSSIEN, par Jules Beaujoint...	20	LE BAILLI DE GUERNESEY, par Alfred de Bougy...	10
VIRGINIE PIPER, *ou les grotesques de l'assassinat*, par G. Sol...	30	LACENAIRE, par Jules Beaujoint.	50
L'INSTITUTEUR VINCENDON, suborneur et meurtrier, par Alfred de Bougy...	15	LES PROCÈS DE BÉRANGER par Charles Coligny...	25
LE DRAME DE CHINON, madame			

Les GRANDS DRAMES de la COUR D'ASSISES publieront successivement les procès suivants :

La Roncière, le drame de la forêt de Fontainebleau, Verger, madame Lafarge, le drame de la Varenne-Saint-Hilaire, le Courrier de Lyon, Bocarmé, De Praslin, Contrafatto, De Jeufosse, Orsini, Fieschi, Latour, Sallot, Marcellange, les empoisonneuses de Marseille, La Pommeraye, Castaing, Poncet, Philippe, les assassins du général Bréa, les assassins de saint Cyr enfin notre collection contiendra tous les procès célèbres. Pour les recevoir franco, en adresser le montant en timbres-poste à M. FAYARD, éditeur, 49, rue des Noyers, à Paris.

Collection **FAYARD**, à **10** centimes la brochure de **32 pages illustrées**

LES GRANDS DRAMES
DE LA
COUR
D'ASSISES

PAR

NOS MEILLEURS AUTEURS

Rédacteur en chef : DE LA BRUGÈRE

PARIS

ARTHÊME FAYARD, ÉDITEUR

Rue des Noyers, 49

Collection **10** contimes la brochure
FAYARD, à de **32 pages** illustrées

MADAME

LAFARGE

PAR

JULES BEAUJOINT

ARTHÈME FAYARD, ÉDITEUR
RUE DES NOYERS, 49, PARIS.

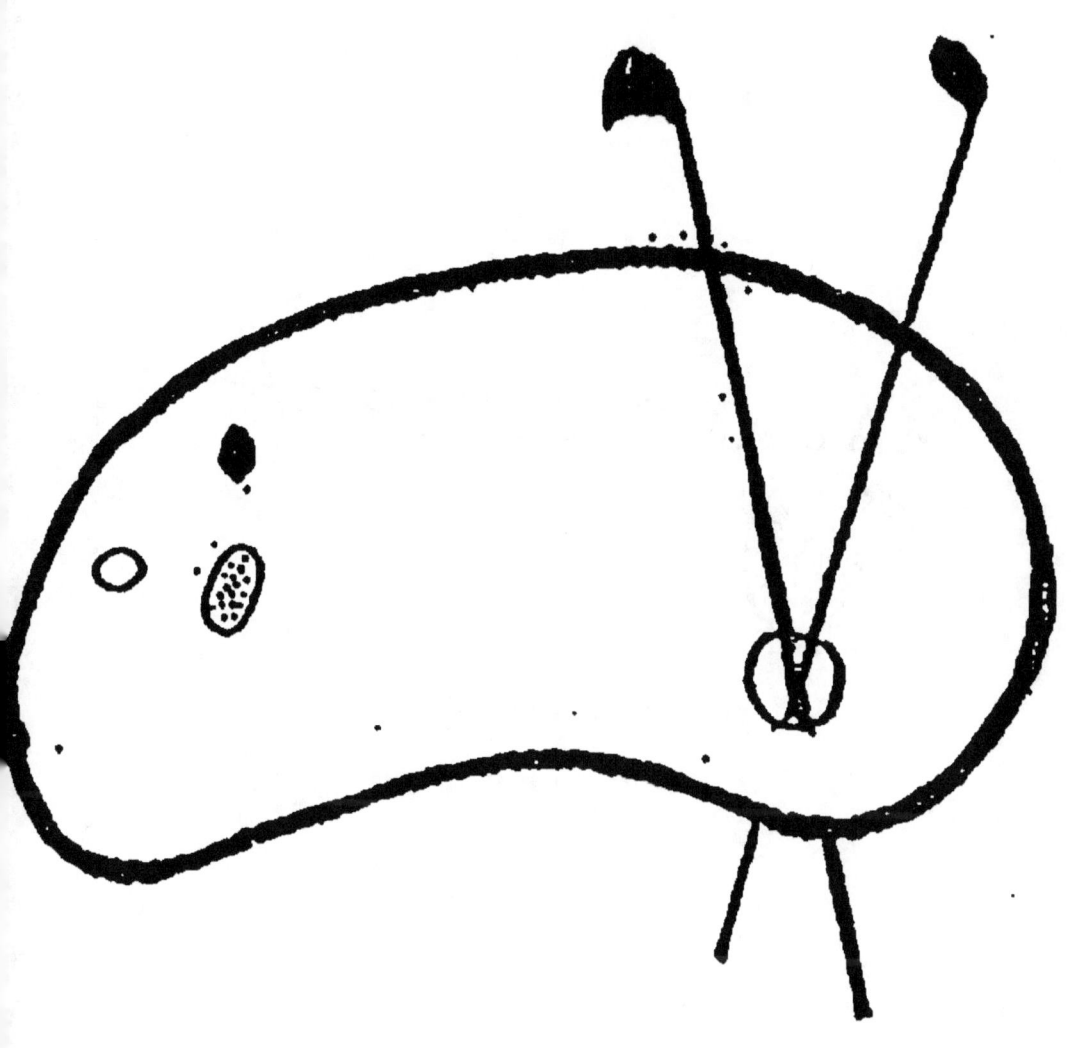

FIN D'UNE SERIE DE DOCUMENTS EN COULEUR

MADAME LAFARGE

PAR

JULES BEAUJOINT

MADAME LAFARGE

PAR

JULES BEAUJOINT

AVIS AUX ABONNÉS.

Votre abonnement à la deuxième année des *Grands drames de la Cour d'Assises* est expiré.

Prière de le renouveler de suite pour ne pas éprouver de retard dans l'envoi de cette publication.

Nous devions expédier 52 numéros, du n° 53 au n° 104.

Nous avons envoyé du n° 53 au n° 96, soit 44 numéros et 8 numéros de Pantin, qui ne portent pas de numéro. . . . . 8 »

Soit . . . . 52 numéros.

L'abonnement à la troisième année commencera au numéro 97.

MADAME LAFARGE

I

Un agent matrimonial

C'est une de ces affaires qui seront éternellement plaidée dans l'opinion.

Après le verdict de la cour de Tulle, après celui de la cour de cassation, après cent brochures passionnées, le fantôme de Marie Cappelle, veuve Lafarge, est chaque jour évoqué, et les débats de la cour d'assises recommencent.

Est-ce une martyre?... Est-ce une infâme hypocrite et une empoisonneuse?... Assurément le doute est permis.

Quant à nous, sans parti pris de faire prévaloir

notre opinion, nous nous bornerons à raconter d'une façon impartiale.

C'est-à-dire que, tout en remettant en scène ce vieux drame, nous entendons laisser parfois aux personnages l'ombre douteuse dont ils s'enveloppèrent.

Le mystère est l'attrait principal de cette histoire.

Ce fut vers le milieu de l'été de 1839 que M. Lafarge et Marie Cappelle se rencontrèrent.

M. Charles-Joseph-Pouch Lafarge était originaire de la Corrèze, où il possédait un haut fourneau. Veuf à vingt-huit ans, manquant d'argent pour entretenir d'assez mauvaises affaires, et condamné à vivre dans une propriété isolée et des plus tristes, il songea à chercher dans un riche mariage un remède à tous ses maux.

Mais trouver femme dans le pays n'était pas facile : les forges du Glandier marchaient mal, la propriété était fort laide, et Lafarge n'était ni aimable ni beau.

Notre Limousin ne se découragea point pour si peu.

Ayant lu l'annonce de M. de Foy, il écrivit au célèbre négociateur en mariage une lettre conçue à peu près dans les termes suivants :

« Monsieur, j'appartiens à une famille honorable, j'ai vingt-huit ans, une santé robuste, et je ne suis pas plus mal que la plupart de mes compatriotes.

» Je possède une usine qui me rapporte trente à trente-cinq mille francs, et deux cent mille francs en biens-fonds, à l'abri des chances du commerce. Je désirerais épouser une jeune fille d'un physique agréable qui m'apporterait une dot d'une centaine de mille francs. »

Et M. de Foy lui aurait répondu :

« Venez et vous choisirez. »

M. Lafarge se mit en route, et quatre jours plus tard, après s'être fait habiller chez un tailleur au Palais-Royal, se présenta rue d'Enghien, chez son correspondant l'agent matrimonial.

— Eh bien ! monsieur, fit-il tout d'abord, avez-vous trouvé mon affaire?

— Peut-être, monsieur, répondit M. de Foy avec le fin sourire de l'homme du monde ; je suis du moins tout à votre disposition pour vous mettre à même d'examiner l'*affaire* et de la conclure.

J'ai différents partis à votre choix. Les uns sont inscrits au répertoire de demandes qui me sont adressées ; les autres appartiennent à des familles qui me sont connues et dont les salons me sont ouverts, bien qu'elles ne se soient pas adressées à moi.

— Je préférerais ces dernières, repartit Lafarge.

M. de Foy s'inclina.

Il n'avait pas à demander la raison de ces préférences.

Le maître de forges ne pouvait supposer aux clients du négociateur de meilleures raisons que les siennes, et s'en méfiait.

— Et puis-je connaître les noms des personnes auxquelles je serai présenté? demanda-t-il.

— Il est inutile que je vous fasse l'énumération de ces personnes.

— Cependant?...

— J'espère que votre choix sera bientôt fixé, et la discrétion m'oblige à ne vous nommer personne sans nécessité. Mais veuillez croire, cher monsieur, que les jeunes filles auxquelles je puis vous faire présenter remplissent toutes les conditions que vous-même m'avez dit exiger.

— Où les verrai-je?... Ici?...

— Ici, c'est impossible.

— Comment cela?

— La publicité donnée à mon agence ne me permet pas de recevoir. Mes salons, en pareil cas, ressembleraient à ces foires d'Alsace où se louent les servantes. Non, monsieur, j'ai des amis, des associés appartenant à différentes classes de la société, fréquentant les salons de la noblesse et de la bourgeoisie, qui se font les amis, les pilotes de nos clients, les font admettre là où ils ne pourraient se faire recevoir, et en un mot facilitent leurs recherches. Ainsi, dès ce soir.. Votre soirée est-elle libre?

— Oui, monsieur.

— Voici ma carte, joignez-y la vôtre, et entre sept et huit heures rendez-vous à l'adresse indiquée, rue du Helder.

Lafarge lut la carte qui lui était remise, et M. de Foy poursuivit :

— Ce monsieur sera à votre disposition. Dès ce soir vous aurez vu une des jeunes personnes que je crois digne de vous... Sa beauté...

— Oh! je ne tiens pas précisément à la beauté, fit brusquement Lafarge.

— Cependant...

— Sans doute, la beauté n'est pas à dédaigner, surtout en province, à la campagne... Je n'habite pas la ville, moi; je suis un travailleur, un homme d'affaires, et je n'ai pas le temps de courir les filles. Oui, une jolie femme m'irait assez. Seulement...

Il fit la moue et garda le silence.

— Seulement? interrogea le négociateur.

— Je ne voudrais pas d'une mijaurée, d'une femme à la mode.

— Mais à Paris, dans les conditions de fortune que vous exigez, une ménagère est assez rare.

— Je le sais.

— Une jolie fille qui a cent mille francs de dot est une personne élégante, qui...

— Je le sais.

— Mais, alors, cher monsieur, expliquez-vous.

Lafarge réfléchit un instant, puis, souriant avec malice :

— Après tout, reprit-il, je ne suis pas novice, je suis veuf; une femme n'est qu'une femme, surtout en province, là-bas dans les bois; je saurai la former.

Eh bien! voilà qui est convenu. Je vais me rendre

rue du Helder, et demain je viendrai vous rendre compte de mes aventures.

— Très-bien, fit le négociateur en se levant.

— Reste encore une chose à régler, reprit Lafarge.

— Laquelle?

— Les honoraires.

— Parlons-en... C'est *tant* pour cent sur la dot; la moitié payable après la publication du mariage, l'autre moitié *à échéance*.

— Et si je ne réussis point?...

— Rien.

Lafarge, rayonnant, salua l'agent matrimonial et prit congé.

Deux heures après, il était avec son cicérone dans une loge d'avant-scène.

C'était un soir de *première*; le tout Paris élégant se trouvait dans la salle. Les loges étaient garnies de jolies femmes, éblouissantes de toilettes. Le maître de forges n'avait pas de lorgnette, mais ses yeux excellents pouvaient s'en passer. Son regard allait de la blonde à la brune, admirant, comparant, sans se rassasier, comme un ogre occupé de la carte de son dîner, et mis en appétit d'épaules rondes et de lèvres vermeilles.

— Voulez-vous mes jumelles? lui demanda son compagnon.

— Merci; mais, dites-moi, vous connaissez tout le monde, ici?

— A peu près.

— Eh bien! quelles sont ces dames de la troisième loge à gauche?

— Madame Garat et sa nièce.

— Serait-ce la femme du secrétaire général de la Banque?

— Justement, et sa nièce, mademoiselle Marie, est la fille du lieutenant-colonel de l'artillerie de la garde impériale, M. Cappelle. Elle est orpheline et sous la tutelle de sa tante. Elle appartient à une famille des plus honorables et des plus distinguées.

— C'est une assez jolie personne. De beaux yeux, une taille bien prise, une magnifique chevelure.

— Et j'ajouterai un esprit charmant. Mais, si vous le désirez, je vous présenterai à madame Garat et à sa nièce.

— Quoi! fit Lafarge, elle serait du nombre de celles à qui je puis prétendre?

— Assurément.

Son regard enveloppa de nouveau Marie; puis, après avoir réfléchi un instant :

— Combien de dot? fit-il avec vivacité.

— Cent mille francs.

— Comptants?

— Je vous ai dit qu'elle était orpheline.

— Elle ferait assez mon affaire cette petite femme-là.

— Avant que le rideau se lève, sortons un instant ; venez, je vous ferai faire sa connaissance.

Un instant après, l'actif intermédiaire allait saluer madame Garat.

— Me permettez-vous, madame, lui dit-il assez haut pour être entendu de Marie, de vous présenter un de mes amis, un riche industriel nouvellement débarqué de province ?

Puis à voix basse :

« Un riche parti pour Mademoiselle Marie, peut-être. »

Madame Garat sourit et, Charles Lafarge fut introduit dans la loge.

On s'explique difficilement l'accueil d'une extrême bienveillance fait à ce personnage d'une gaucherie approchant du ridicule et d'une physionomie peu sympathique.

De prime abord il déplut à la jeune fille ; mais madame Garat le comprit dans une invitation adressée pour le lendemain à son *ami*.

Marie était-elle difficile à marier ?

Non, cependant elle avait alors vingt-trois ans.

II

Marie Cappelle.

Marie-Fortunée Cappelle était née en 1816 à Villers-Hellon, en Picardie. Elle y fut élevée.

Elle a raconté dans ses *Mémoires*, avec un grand charme d'esprit et de sentiment, les années de son heureuse jeunesse, qui s'écoula presque tout entière au château de Villers-Hellon.

Ce petit château, situé dans une campagne riante, tenu avec luxe, entourait la jeune Marie de tous les agréments de la fortune. Elle en était la reine capricieuse, despote et aimée. Elle en était la joie, et parents, amis, serviteurs la gâtaient à l'envi.

Ce fut un sergent-major d'artillerie qui lui apprit à marcher et à lire. Les soldats l'appelaient leur petite artilleuse, et la soulevant dans leurs bras lui faisaient mettre le feu aux canons.

C'était une gracieuse petite fille, forte et brave comme un petit garçon, et spirituelle déjà. Un jour, le vieux Talleyrand étant venu à Villers-Hellon : — Il boite avec esprit, dit la petite Marie.

La famille Cappelle avait de fort belles relations, et l'on cite au nombre des personnes marquantes qu'elle recevait : Madame Elmore, fille du fournisseur Seguin, le général Daumesnil, le maréchal Gérard, madame de Laigle, madame de Valence, M. de Celles, madame de Caumont, le vicomte de Montesquiou, M. de Mornay, le général Leclerc, mesdames d'Eckmuhl et de Cambacérès, madame de Montbreton; — et nous ne donnons qu'une liste fort incomplète.

L'éducation de la jeune Marie Cappelle s'était donc faite à l'école de la meilleure compagnie. Plus tard, sou père ayant été obligé d'aller en garnison à Valence, elle entra à la maison royale de Saint-Denis.

Mais ses habitudes d'indépendance lui rendirent trop pénibles les règles du pensionnat ; elle n'y resta que trop peu de temps.

Ce fut alors qu'elle eut à verser les premières larmes de douleur, et en une année perdit son père et sa mère.

Elle quitta Villers-Hellon pour Paris et demeura chez sa tante.

Elle retrouva à Paris une de ses amies de pension, mademoiselle Marie de Nicolaï. Les amitiés de pension sont souvent dangereuses. Mademoiselle de Nicolaï était son aînée, elle l'avait précédée dans le monde parisien, et venait d'épouser le vicomte de Léautaud.

Elle ne put résister au désir de se parer aux yeux de sa jeune amie d'un certain prestige, et lui confia qu'avant son mariage elle avait connu « tous les orages de la passion, » elle avait échangé avec un jeune homme, nommé Félix Clavé, des lettres d'amour!...

Qu'était devenu ce jeune homme ?

Mystère !!... Elle croyait l'avoir reconnu parmi les comparses de l'Opéra.

Mais s'il allait reparaître ? S'il se faisait une arme de ses autographes ?...

Il y avait là tout un drame.

Les deux amies du moins s'amusaient à le supposer.

Elles avaient l'esprit romanesque.

Malheureusement cette aventure insignifiante fut plus tard pour Marie Cappelle la cause d'une accusation des plus graves.

Nous y reviendrons.

Quant à mademoiselle Cappelle, elle eut aussi son chapitre de roman.

Un bel étudiant, nommé Guyot, lui fit comprendre à distance respectueuse, toutefois, qu'il se mourait d'amour pour elle.

Il obtint d'elles ces billets emphatiques qui rappellent le style des mauvais romans de l'époque :

Lundi.

« Si vous savez quelque chose qui froisse le cœur plus que l'oubli...

» Si vous savez ce qui rend indifférente à cette souffrance, dites-le... Mais non... On vit d'illusions... Il en fut une bien douce, et le réveil qui vient toujours est aussi arrivé pour moi.

» Un caprice de huit jours... Puis rien... Et je vous croyais !... Oh ! le monde est donc bien faux, puisque vous l'êtes aussi !... »

On voit qu'elle allait souvent au théâtre.

Ces phrases hachées, ce hoquet des trois points à chaque mot, c'était du postiche.

Ce mardi.

« ..... Je ne veux plus sortir... Elle vous remettra cette lettre... Si je vous voyais, peut-être vous croirais-je encore. Non, adieu ! je vous pardonne tout..... Adieu..... Soyez heureux et jamais trompé... »

» L'histoire de Caroline est découverte! On va lui faire vous écrire, afin que votre réponse fasse juger de la manière dont elle est avec votre ami. — Ne m'écrivez pas, ne parlez pas de moi, oh ! par pitié !

» Voyez-vous, moi, je suis orpheline : Dieu m'a ôté mon père, puis ma mère, tout enfin.

» Alors mon oncle devint mon tuteur, et ma tante voulut remplacer sa sœur près de moi. Ce matin, elle a juré que si je me trouvais mêlée dans cette histoire, elle ne me reverrait de sa vie. Ah ! mon Dieu, je le sens, je n'y résisterai pas.

» Je suis folle... Ma tête se perd. Vous avez de l'honneur. Je crois en vous, sauvez-moi par le silence le plus complet.

» Que Dieu et vous ayez pitié de moi ! Par une incroyable légèreté mon honneur est entre vos mains.

» Je n'ai plus personne pour y veiller, — je vous le confie. Gardez-le pour l'amour de vos parents et de Marie. Ma vie entière ne sera pas trop longue pour en être reconnaissante. »

Et notez que ce billet insensé et compromettant était la seule faute qu'elle eût commise.

Elle apprit que le jeune Guyot était fils d'un pharmacien de Montmédy... Adieu, beau rêve!

Hâtons-nous de dire aussi qu'il faudrait moins juger d'après ceci de son instruction que de son imagination.

Elle avait reçu une instruction solide; elle connaissait plusieurs langues et était excellente musicienne; mais elle s'abandonnait volontiers aux rêveries romanesques.

Elle ne rêvait qu'aventures et voyages... Voyages en Orient surtout.

Ces détails expliquent son caractère et jetteront une grande lumière sur le drame du Glandier.

On voit déjà qu'elle n'était pas faite pour devenir la femme de l'industriel corrézien.

Comment ce dernier parvint-il à se faire agréer d'elle?

III

La lune de miel.

Lafarge était pressé de conclure ce mariage, parce qu'il avait besoin de réaliser la dot.

Il avait une énorme échéance de billets de complaisance...

Avec une certaine finesse et aidé sans doute des conseils du négociateur, il écouta Marie Cappelle, l'interrogea sur ses goûts et parla en conséquence.

— Vous aimez les plaisirs de la campagne?

— Oh! oui, les promenades à cheval dans les allées sombres des forêts.

— J'ai une forêt, j'ai deux chevaux de selle et deux chevaux pour la voiture.

Vous aimez les sites romantiques?

— Oui, les montagnes sauvages, que poétisent les ruines d'un vieux château ou d'un monastère féodal.

— J'ai des ruines. Les ruines d'un couvent de chartreuses s'élèvent à quelques pas de ma propriété. Et quels souvenirs étranges se rattachent à ces ruines! Oh! si vous pouviez voir le Glandier : le château, les mines, les forges, d'où coulent des fleuves de métal incandescent! Mais, j'y songe, je vais en donner le croquis à un dessinateur, et demain vous pourrez en juger.

Aussitôt fait que dit.

Le lendemain Lafarge mettait sous les yeux de la jeune fille le plan d'un château de féerie. C'était ravissant.

Rien que pour visiter ce curieux domaine, Marie Cappelle se fût mariée.

En devenir la souveraine la séduisit tout à fait.

Huit jours plus tard elle était mariée.

Voici comme elle conta la chose à la vieille bonne qui l'a élevée, Ursule Durand, et à M. Elmore.

Le Glaudier.

— 18 —

Elle écrit à ce dernier, le 30 juillet 1839 :

« Je veux vous écrire une grande nouvelle, mon cher monsieur Elmore, une nouvelle que je ne crois guère, qui m'étonne plus qu'elle ne vous étonnera. Enfin, moi si difficile, si réfléchissante aux mauvais côtés de toute chose, je me marie en poste.

« Mercredi, je vois un monsieur au théâtre ; je lui plais, et il ne me plaît pas beaucoup. Jeudi, il se fait présenter chez ma tante ; il se montre si soigneux, si bon, que je le trouve mieux. Vendredi, il me demande officiellement. Samedi, je ne dis pas oui, mais je ne dis pas non, et dimanche, aujourd'hui, les bans sont publiés !

» J'étouffe de mille sentiments divers. C'est fini... Voici les détails que je puis vous donner : M. Lafarge a vingt-huit ans, une assez laide figure, une tournure et des manières très-sauvages, mais de belles dents, un air de bonhomie, réputation excellente ; il est maître de forges, a ses propriétés dans le Limousin, à 130 lieues de Paris, une belle fortune, un joli château, autant que je puis en juger par un plan qu'il m'a donné. Il revient tous les ans à Paris pour ses affaires. Du reste, il m'adore, ce qui me semble assez doux ; il aime les chevaux. Le haras de Pompadour est à une demi-lieue du Glandier, et c'est à cause de belles courses qui ont lieu le 17 août qu'il désire cette excessive presse qui me fera marier avant cette époque... »

Cette lettre est bien d'une femme ignorante de la

vie, bien qu'elle se dise « si réfléchissante aux mauvais côtés de la vie. »

Quant à la réputation excellente de Lafarge, de qui tenait-elle ce renseignement erroné?

Elle écrit ensuite à Ursule Durand, à la même date :

« Ma bonne Ursule, je viens t'embrasser ainsi que ma sœur, et je suis sûre que vous êtes bien heureuses toutes deux de mon bonheur. Mon mari n'est pas très-beau, mais parfaitement bon ; il m'adore, et me comble déjà de soins et d'attentions délicates. Comme il y a de grandes fêtes près de chez lui, des courses de chevaux, des bals, etc., il m'a demandé en grâce de me marier le 12, ce que j'ai promis... N'oublie pas mon chapeau de cheval. Mon mari futur adore monter à cheval, il a deux chevaux de selle et deux de voiture. Il me donne un délicieux habit vert. (Cet habit fut mangé par les rats du Glandier et détermina un des achats d'arsenic.)

» J'ai le dessin de mon petit château, qui est charmant; il y a de belles mines dans le jardin, une rivière qui passe sous les fenêtres; c'est à peu près grand comme Villers-Hellon.

» M. Lafarge aime à recevoir du monde chez lui, il en a très-souvent; vous viendrez me voir, je l'espère bien. Ce sera un voyage très-sain pour la santé de Valentine, et rien ne me rendra plus heureuse que cette possibilité de recevoir ceux qui m'ont si bien reçue. Ma bonne Marie aura de l'excellent café qui l'attendra : je me brouille avec elle si elle ne vient pas bientôt.

» On m'a déjà donné un délicieux piano de Pleyel, qui est dans le salon de ma tante, et qui va partir pour Glandier, afin de me recevoir. N'est-ce pas une aimable attention ? Sachant que j'aime les bains, il a écrit sur-le-champ pour que je trouve une salle de bains toute prête, qui fasse mon cabinet de toilette : il en est de tout ainsi ; je ne puis former un désir qui ne soit accompli ou promis. C'est le contraire de tous les mariages; chaque jour nous découvre quelque chose de mieux en caractère, fortune, etc. Je n'ai pas perdu pour attendre. »

Tels étaient les sentiments, naïvement exprimés, de la seconde épouse de M. Charles Lafarge, lorsqu'au lendemain de son mariage elle dit adieu à ses plus fidèles affections et partit en chaise de poste pour le Glandier.

Elle emmenait avec elle sa femme de chambre Clémentine.

Le voyage ne fut pas gai.

L'amant, plein d'attentions délicates et de passion respectueuse, fit place au mari sans gêne et brutal.

Lafarge n'attendit pas plus longtemps que la première étape pour jeter le masque et parler en maître.

Il fait une chaleur étouffante.

Marie est pâle de fatigue, Charles, d'une complexion sanguine, suffoque et sue; il s'éponge, se détire, abaisse et lève les glaces sans s'inquiéter de sa femme; s'il pouvait dormir, il dormirait, il essaye un bout de conversation :

— Nous allons arriver à Orléans. Connaissez-vous Orléans, Marie?

— Non, Charles.

— C'est le pays de Jeanne d'Arc, c'est là qu'elle a été brûlée avant d'avoir pu connaître les douceurs du mariage. On y fabrique prodigieusement de vinaigre... Tiens, ça me fait penser que j'ai un compte avec un vinaigrier.

Il prend son portefeuille, mouille la pointe d'un crayon et demeure plongé dans d'interminables calculs. A mesure qu'il chiffre son regard s'allume. — Le chiffre, c'est sa chimère à lui!

Marie le regarde étonnée, presque triste...

Enfin! le calcul est fait.

Le mari relève les yeux, rayonnant :

— Le vinaigrier est enfoncé, dit-il.

Puis, surpris à son tour :

— Vous avez l'air triste, Marie?... Qu'avez-vous donc?

— Je pense à ceux que je quitte, dit-elle, à ma bonne tante, à mes amies...

— Laissez donc! Votre bonne tante, elle n'est pas aussi triste que vous, à cette heure. Vos amies !... vous n'avez plus d'autre ami que moi. Votre main, Marie.

Elle lui tend la main.

— Un baiser?... Ah ça! mais n'êtes-vous pas ma femme?

— Je suis nerveuse; j'ai la fièvre.

— Oui, un peu de fièvre, moi aussi.

— Vous?

— Eh! sans doute, la fièvre de la romance du roi Richard, vous savez : « Une fièvre brûlante, la nuit me consumait. »

— Oh! monsieur, de grâce !...

— Puisque je vous dis que j'ai la fièvre. Et n'êtes-vous pas ma femme, après tout ?...

— Monsieur...

— Qu'est-ce?... Mais appelez-moi Charles.

— Eh bien! Charles, voici Orléans.

— Tant mieux.

— Oui, il est tard : en arrivant à l'hôtel, je veux prendre un bain.

— C'est une idée, nous prendrons un bain.

— Vous aussi?

— Mais !... Puis l'on soupera. Quant au vinaigrier, figurez-vous que l'an dernier il me livra deux tonneaux

de vinaigre blanc au prix de soixante-cinq francs...
soixante-cinq francs dont il faut déduire...

— Permettez. Vous connaissez un hôtel convenable ?

— Parbleu ! je n'entends pas descendre dans une auberge.

L'hôtel où ils descendirent était en effet un des premiers de la ville.

Marie fit aussitôt monter un bain dans sa chambre, et, tandis que dans une pièce voisine son mari changeait de toilette, aidée de Clémentine, elle se plongeait frissonnante dans l'eau tiède.

Alors se passa une scène étrange.

A peine était-elle au bain, on frappa à la porte. Clémentine courut pousser le verrou.

— Qui est là ? fit-elle.

— C'est moi.

— Madame, c'est monsieur ?

— Dis que je ne puis le recevoir.

— Madame est au bain ; elle vous prie de l'attendre une demi-heure.

— Quelle plaisanterie ! Ouvre toujours.

— C'est impossible, fit Marie.

— Madame dit que c'est impossible.

— Ah ça ! pourquoi ?

— La baignoire n'est pas couverte.

Lafarge se prit à rire.

— Qu'est-ce que ça fait entre nous ?... Après tout,

est-ce qu'elle n'est pas ma femme? Allons, pas de plaisanterie, ouvrez.

— Est-ce qu'il faut ouvrir, madame?

— Non! mais non!...

Lafarge entendit cette réponse, et, colère, heurta avec violence.

— Ah çà! ouvrez-vous?

Les deux femmes tremblèrent et ne répondirent mot.

Lafarge, furieux, essaya en effet de jeter la porte en dedans; mais la porte était solide; puis il eut peur du bruit, du scandale. Il ne comprenait rien à cette pudeur de jeune femme.

— C'est par trop fort! grommelait-il. Elle se fiche de moi!... Vous n'ouvrez pas?...

Silence.

Marie était suffoquée de frayeur.

Lui étouffait de rage.

Il voyait dans cette conduite si naturelle une mystification. Sa vanité souffrait.

Il s'emporta en jurements, en mots grossiers, en menaces.

— Ah! c'est comme cela! nous verrons bientôt au Glandier si je saurai mettre au pas cette petite bégueule. Nous verrons si je suis le maître ou non, et s'il ne faudra pas en rabattre de toutes ces singeries!...

Il renonça toutefois à user de violence.

Pour cette première nuit, les deux époux firent lit à part.

Le lendemain, Marie tremblante, plus qu'elle ne le laissait paraître, monta en voiture, et le voyage recommença.

Le tête-à-tête, comme on le pense bien, fut d'abord pénible.

Le mari avait tout intérêt à obtenir son pardon et à traiter de la paix; l'arrivée au Glandier eût été trop embarrassante.

Bien plus, non-seulement il avait à se faire pardonner sa grossièreté de la veille, mais encore les descriptions mensongères qu'il avait faites de sa propriété.

Il obtint à peu près ce qu'il désirait. A mesure qu'ils approchaient du but de leur voyage, le paysage devenait plus sévère, les chemins plus mauvais. Le temps orageux et sombre prédisposait encore aux impressions pénibles, et les galanteries de Lafarge l'agaçaient. Il lui semblait faire un mauvais rêve. Enfin le *château* apparaît.

Du fond d'une gorge étroite baignée de brume, émergent une énorme masure et quelques cheminées empanachées d'une fumée épaisse.

Une étroite allée de peupliers, couverte de crasse de fonte, conduit à la maison du maître de forge.

— C'est là?... fait Marie, ouvrant de grands yeux où se peint la plus amère déception.

— C'est là, répond Lafarge d'un ton dégagé. Combien ma mère et ma sœur vont être heureuses de vous voir !

Bientôt la voiture s'arrêta devant un perron de quelques marches de pierres brutes aboutissant à une porte basse, étroite et cintrée.

Au bruit de la voiture, la porte maussade tourna sur ses gonds, deux ou trois paysans accoururent et deux femmes s'approchèrent de la portière, et, au milieu d'embrassades banales, l'étrangère, l'orpheline s'entendit appeler du nom de fille et de sœur.

Elle s'aperçut vite du contraste frappant qu'elle formait avec sa sœur et sa seconde mère.

Ces paysannes aux traits rudes, à la voix criarde, ne pouvaient éveiller que douloureusement pour elle le souvenir de Villers-Hellon.

L'habitation se composait d'une longue et large bâtisse à un seul étage, coiffée d'un énorme toit.

Le couloir où elle entra d'abord était pavé en cailloutis; la salle de réception, le salon, également pavée, avait pour tous meubles une table et quelques chaises de paille.

C'était noir, enfumé, délabré; à la clarté d'une chandelle fumeuse, cela avait un aspect sinistre.

La chambre conjugale n'était ni plus riche ni d'un aspect plus riant.

A la muraille dans un cadre de plâtre doré on avait laissé, pour lui faire accueil, le portrait de la première femme de Charles.

Une profonde alcôve donnait le soir au lit l'aspect d'une caverne.

Clémentine en était ébahie et effrayée.

— Madame, dit-elle, si je n'étais avec vous je ne voudrais pas coucher ici.

— Tu as peur?

— Dame! l'endroit n'est pas rassurant.

— Tu resteras près de moi.

— Mais monsieur va venir?

— Tant pis.

— Cependant il n'y a pas même un canapé pour me coucher?

— Grand Dieu! devais-je m'attendre à ce séjour affreux!

Le mari frappa à la porte.

— Attendez un instant, répondit Marie.

— Madame, il faut vous déshabiller, dit Clémentine, vous mourez de fatigue.

— Ici? me coucher là dedans?...

Elle ne pouvait se résoudre à pareil gîte, et peu s'en fallut que la scène d'Orléans ne se renouvelât.

Le surlendemain elle écrivit à la baronne Garat, sa tante, ses cruelles déceptions, et termina par ces lignes :

« Je demeurai bouleversée pendant vingt-quatre heures. Alors je me secouai, je regardai autour de moi; j'étais mariée, j'avais adopté cette position; elle se trouvait extérieurement fort déplaisante, mais avec de la force, de la patience et l'amour de mon mari je pouvais en sortir. Aussi je pris mon parti de bonne grâce. »

Mais non, sa force, sa patience la trahissent.

Après les premières tendresses, Lafarge court à ses affaires et les bonnes dames du Glandier se renferment dans les habitudes de leur ménage. La solitude, l'ennui, le spleen la dominent. Le désespoir s'empare d'elle.

Vivre ainsi à perpétuité; c'est affreux... Et l'hiver, ce sera pire encore !

Il faut fuir, fuir à tout prix.

Sa tête se monte.

Elle se renferme dans sa chambre et écrit à Lafarge une lettre insensée où elle le supplie de consentir à une séparation.

Elle lui abandonne tout ce qu'elle possède. Elle ne lui redemande que sa liberté.

Elle se calomnie pour le forcer à consentir.

Voici cette lettre dont plus tard il sera fait contre elle un si terrible usage :

« Charles, je viens vous demander pardon à genoux ! Je vous ai indignement trompé; je ne vous aime pas et j'en aime un autre ! Mon Dieu ! j'ai tant souffert ! Laissez-moi mourir, vous que j'estime de tout mon cœur; dites-moi : « Meurs, et je te pardon» nerai, » et je n'existerai plus demain.

» Ma tête se brise, viendrez-vous à mon aide? Écoutez-moi, par pitié, écoutez-moi :

» Il s'appelle Charles aussi ; il est beau, il est noble, il a été élevé près de moi; nous nous sommes aimés depuis que nous pouvons nous aimer.

» Il y a un an une autre femme m'enleva son cœur; je crus que j'allais en mourir. Par dépit, je voulus me marier. Hélas! je vous vis, j'ignorais les mystères du mariage, j'avais tressailli de bonheur en serrant ta main.

» Malheureuse! je crus qu'un baiser sur le front seul te serait dû, que vous seriez bon comme un père. Comprenez-vous ce que j'ai souffert dans ces trois jours? Comprenez-vous que si vous ne me sauvez pas, il faut que je meure? Tenez, je vais vous avouer tout : Je vous estime de toute mon âme, je vous vénère; mais les habitudes, l'éducation ont mis entre nous une barrière immense. A la place de ces doux mots d'amour, de triviales douceurs; de ces épanchements d'esprit, rien que les sens qui parlent en vous, qui se révoltent en moi. Et puis, il se repent; je l'ai vu à Orléans, vous dîniez; il était sur un balcon vis-à-vis du mien. Ici même, il est caché à Uzerches; mais je serai adultère malgré moi, malgré vous, si vous ne me sauvez pas. Charles, que j'offense si terriblement, arrachez-moi à vous et à lui. Ce soir, dites-moi que vous y consentez; ayez-moi deux chevaux, dites le chemin de Brives : je prendrai le courrier de Bordeaux, je m'embarquerai pour Smyrne. Je vous laisserai ma fortune ; Dieu permettra qu'elle vous prospère, vous le méritez ; moi, je vivrai du produit de mon travail ou de mes leçons. Je vous prie de ne laisser jamais soupçonner que j'existe; si vous le voulez, je jetterai mon manteau dans l'un de vos précipices, et tout sera fini ; si vous voulez, je prendrai de l'arsenic, j'en ai ; tout sera dit. Vous avez été si bon que je puis, en vous refusant mon affection, vous donner ma vie ; mais recevoir vos caresses, jamais ! Au nom de l'honneur de votre mère, ne me refusez pas. Au nom de Dieu, pardonnez-moi. J'attends votre réponse comme un criminel attend son arrêt.

» Oh ! hélas ! si je ne l'aimais pas plus que la vie, j'aurais pu vous aimer à force de vous estimer ; comme cela, vos caresses me dégoûtent. Tuez-moi, je le mérite ; et, cependant, j'espère en vous : faites passer un papier sous ma porte ce soir ; sinon, demain, je serai morte. Ne vous occupez pas de moi ; j'irai à pied jusqu'à Brives, s'il le faut. Restez ici à jamais. Votre mère si tendre, votre sœur si douce, tout cela m'accable ; je me fais horreur à moi-même ! Oh ! soyez généreux. Sauvez-moi de me donner la mort ! A qui me confier, si ce n'est à vous ? M'adresserai-je à lui ? Jamais ! Je ne serai pas à vous, je ne serai pas à lui, je suis morte pour les affections. Soyez homme ; vous ne m'aimez pas encore, pardonnez-moi. Des chevaux feraient découvrir nos traces, ayez-moi deux sales costumes de vos paysannes. Pardon ! que Dieu vous récompense du mal que je vous fais !

» Je n'emporterai que quelques bijoux de mes amies, comme souvenir du reste de ce que j'ai ; vous m'enverrez à Smyrne ce que vous daignez permettre que je conserve de votre main. Tout est à vous.

» Ne m'accusez pas de fausseté : depuis lundi, depuis l'heure où je sus que je serai autre chose qu'une sœur, que mes tantes m'apprirent ce que c'était que de se donner à un homme, je jurai de mourir ; je pris du poison en trop petite dose ; encore, à Orléans, je le vomis hier ; le pistolet armé, c'est moi qui le gardai sur ma tempe pendant les cahots, et j'eus peur. Aujourd'hui, tout dépend de vous ; je ne reculerai plus.

» Sauvez-moi, soyez le bon ange de la pauvre orpheline, ou bien tuez-la, ou dites-lui de se tuer. Écrivez-moi, car, sans votre parole d'honneur, et je crois en vous, sans elle écrite, je n'ouvrirai pas ma porte.

» MARIE. »

C'était du délire.

Lafarge était grossier, quelque peu brutal, mais au fond n'était pas méchant ; cette lettre lui arracha des larmes.

Que faire ?... Que répondre ?

Profondément désolé, il réunit dans le salon sa mère, sa sœur, madame Buffières et son beau-frère. Il leur lut cette lettre désolante, et l'on tint un conseil de famille.

IV

Le conseil.

— Qui aurait pu croire que cette malheureuse avait un amant? fit un des membres du conseil.
— Laissez donc! repartit Lafarge, je n'en crois pas un mot... et j'ai de bonnes raisons pour cela.
— Pourquoi le dirait-elle?
— C'est une femme à romans.
— Venons au fait positif, Charles; elle t'offre de garder sa fortune, est-ce possible?
— Aussi impossible que de m'en dessaisir. Ce qu'il faut, c'est une réconciliation. J'en cherche les moyens; elle est très-exaltée, et, en définitive, elle n'a pas tous les torts, car le Glandier est loin d'être ce que je lui avais fait entrevoir, et la vie qu'elle mène ici ne ressemble guère à celle qu'elle menait à Paris.
— Mais c'est à Smyrne qu'elle veut aller?
— Où est-ce Smyrne? demanda madame Lafarge.
— En Orient, ma mère.
— Chez les Turcs?
— Oui.

— Et pour donner des leçons de français à des hommes qui ont plusieurs femmes?...

— Que voulez-vous, la pauvre femme devient folle de chagrin.

— Eh bien ! qu'y pouvons-nous ?

— Telle est la question. C'est un esprit qui ne peut rester inoccupé.

— Intéressez-la à vos affaires.

— C'est une idée, ça, Buffières, fit sérieusement le mari. Elle aime les promenades à cheval, je lui ai commandé un costume en drap noir.

— Êtes-vous fou à votre tour, Charles? fit la mère. Mais c'est de la mascarade !

— Du tout ; aux courses elle sera très-bien ainsi. Puis, je lui ferai tenir des livres, des partitions.

— Des partitions ?

— Oui, de la musique.

— N'a-t-elle pas son piano? objecta la mère.

— De la musique pour son piano. Enfin je suis prêt à tout pour lui plaire; car, au fond, c'est une excellente petite femme.

— Excellente !

— Excellente !...

— Mais reste un point très-difficile, reprit le mari.

— Lequel ?

— Elle me demande de lui écrire.

— Écrivez.

— Non pas, mon cher Buffières.

— Et pourquoi?

— Deux raisons. C'est un moyen long, diplomatique, timide, ridicule; ensuite je ne sais pas écrire de longues lettres de sentiment, moi. Il faut donc aller frapper à sa porte.

— Elle ne vous ouvrira pas.

— Je le crains.

— Aussi je propose à ma mère d'y aller.

— Moi! fit la vieille dame avec effroi; et que lui dirai-je?

— Eh! parbleu, que je l'aime. Que sous des dehors moins avantageux que ceux d'un Parisien je cache un cœur dévoué, un amour ardent et loyal! s'écria Charles avec feu.

— Parlez! parlez-lui ainsi, s'écria sa sœur, et vous la ramènerez, mon frère; je le sens.

— Et si je ne réussis pas, vous irez, vous autres?

— Nous irons, répondit-on en chœur.

— Soit, j'y vais.

Et la famille, non sans admirer son courage, le vit s'éloigner pour tenter l'entreprise. Mais il ne tarda pas à revenir.

— Eh bien? firent d'une voix tous les parents.

— Gros-Jean comme devant. Je n'ai eu de réponse que de sa satanée bonne. Cette pécore m'a répondu : « Il faut écrire à madame!... » Ah!... tenez, j'en tremble de colère... Eh bien! maintenant à votre tour, ma mère, à vous, ma sœur!

Les deux femmes se consultèrent du regard.
— Vous hésitez?
— Allons, ma fille, dit madame Lafarge.
— Dites que je ne sais écrire avec sa facilité.
— Nous lui dirons.

Ces parlementaires ne reçurent pas un meilleur accueil. Les deux dames n'obtinrent pas un mot de Marie.

Elles revinrent consternées.

— Eh bien! s'écria le mari désespéré, je lui parlerai! j'enfoncerai la porte!

Et il s'élança dans l'escalier.

Bientôt un bruit terrible annonça qu'il mettait ses menaces à exécution. La porte céda sous ses efforts, et, haletant, exaspéré, Charles se trouvait en présence de Marie.

— Je vous avais dit de m'écrire, monsieur.
— Je ne sais pas écrire ces sortes de lettres.
— Parlez alors, je consens à vous entendre.
— Je suis hors de moi.
— Remettez-vous.
— Voyez l'état où je suis. Mes larmes vous diront tout.

Le visage assombri de Marie s'éclaira soudain.

— Vous m'avez méprisé, reprit Charles d'une voix tremblante, vous m'avez traité de rustre, vous m'avez déclaré que vous me détestiez et vouliez me fuir... Tant pis, vous resterez, moi je vous aime!

Après un silence :

— Je suis ridicule à vos yeux peut-être, puisque vous en aimez un autre...

— Ce n'est pas vrai ! s'écria énergiquement Marie.

— Cependant, madame...

— J'ai menti.

Leurs regards se croisèrent comme les éclairs de deux épées.

Marie pâle, fière, soutenait d'une façon victorieuse le regard scrutateur de son mari.

— Je ne comprends pas, je l'avoue, reprit celui-ci, la nécessité d'un tel mensonge.

— C'est que vous n'avez pas compris qu'à tout prix je veux une séparation. Je vous ai donné une arme; gardez-la.

— Je la repousse.

— Que prétendez-vous, alors?

— Que vous restiez.

— Eh ! pouvez-vous tenir à une femme qui ne vous aime pas et qui a la franchise de vous le dire?

— Vous m'aimerez.

— Croyez-vous?

— Oui, il ne suffit pas d'aimer pour être aimé; le contraire même est souvent vrai; souvent mais non toujours; auprès des femmes vulgaires c'est ainsi; mais vous n'êtes pas une femme vulgaire, et si je ne l'ai pas deviné tout d'abord, je saurai bien me le faire pardonner. Je vous le répète, vous avez du cœur, Marie, et quand vous verrez combien je vous aime, vous oublierez que je suis laid et vous m'aimerez. Je ne sais pas, moi, faire la cour à une femme, je suis un sauvage. Vous me jugez d'après vos gentilshommes de Paris. Je ne sais rien de leurs usages, de leurs modes, de leurs façons, mais je sais que l'amour est un dévouement à deux; et je commencerai à me dévouer, moi.

Marie, ébranlée, réfléchit un instant, mais un nuage passa sur son front :

— Pourquoi m'avoir menti à Paris? dit-elle d'un ton acerbe.

— Parce que je vous aimais, et que vous ne seriez pas ma femme si je vous eusse dit la vérité. Oh! cela m'a coûté de vous mentir ainsi!... Ne vous en a-t-il point coûté de m'écrire que vous aviez un amant?

— J'étais folle.

— Vous m'avez méconnu. Nous ne sommes pas mariés depuis si longtemps.

— Il est vrai.

— Consentez du moins à apprendre à me connaître. Restez ma compagne, sinon ma femme, ma camarade, sinon mon amie. Voyons, soyez généreuse, Marie, ne me désespérez pas.

Cet accent sincère acheva de l'ébranler.

— Votre main? fit Charles.

Elle donna sa main.

Et la paix fut ainsi conclue.

V

Trêve.

— Comment, madame, nous ne partons pas pour Smyrne? fit Clémentine un instant après.

— Non, ma fille, que veux-tu? cet homme m'aime.

— Il a une drôle de façon d'aimer les gens ; il enfonce la porte.

— C'est une façon comme une autre, et les Turcs, dont nous avons failli faire la connaissance, n'en connaissent guère de meilleurs.

Elle dîna chez elle et le soir écrivit les lettres qui suivent, et peignent la situation.

Elle écrivait à M. Garat :

« J'ai adopté ma position, bien qu'elle se trouve extérieurement fort déplaisante. Mais avec de la force, de la patience et l'amour de mon mari, je puis en sortir... Charles m'adore, et moi, je suis profondément touchée de cette vénération affectueuse qui me suit. »

Trois jours après, elle écrivait à madame Montbreton :

« Le malheur de cette vie est qu'on y rêve avant de vivre, et que rien n'est triste comme la déception. Enfin, si l'arrivée me serra fortement le cœur, je suis plus forte maintenant, et je m'institue gaiement le Robinson de mon petit domaine. Lorsque je sens une larme qui coule froide sur mes joues, alors que, seule dans une grande chambre déserte, je pense à ceux que j'aime, je mets vite un chapeau, et je vais admirer les plus belles prairies, les sites les plus délicieux qui m'entourent, qui sont à moi, avec leur verdure et leurs torrents. J'ai de petites montagnes, des vallées, une rivière, et pas une bonne chaise, pas une table, rien de ce que les hommes ont fait. Tout me vient directement de la main de Dieu.

» Charles est l'homme le plus correspondant à ce qui m'entoure, cachant sous une enveloppe sauvage et inculte un noble cœur, m'aimant par-dessus tout, et mettant toutes ses pensées à me rendre heureuse. Il m'adore, me révère. Sa mère est une excellente femme, qui se mettrait au feu pour son fils, qui m'accable de caresses, qui a de l'esprit et de l'éducation étouffés sous les soins minutieux du ménage. Tout cela doit me donner joies et peines. Vous comprenez, n'est-ce pas? »

Comme toutes les personnes nerveuses elle passa vite du désespoir à la gaieté. Tout le monde autour d'elle semblait partager son humeur joyeuse.

Son mari l'initiait à la connaissance de sa fabrication et de ses affaires, — du moins de celles qui n'étaient point sérieuses.

Elle assistait aux coulées, au grand plaisir des travailleurs, avec qui elle savait causer.

Un jour Lafarge lui fit part d'une découverte qu'il avait faite, disait-il, pour la fabrication du fer. — Il y avait là une fortune. Marie bientôt en fut plus occupée que lui.

Mais pour exploiter le procédé, — ou du moins pour augmenter la fabrication, — il fallait de l'argent.

Marie offrit à son mari d'escompter sa fortune. Pour rendre cette réalisation possible, il fallait que les intérêts des deux époux fussent identiques.

Ils échangèrent deux testaments.

Marie copia les termes du sien sur celui qu'avait rédigé son mari.

Cela fait, ce dernier se hâta de faire secrètement des dispositions nouvelles en faveur de sa mère et de sa sœur, tandis que, de son côté, madame Lafarge, la mère, décachetait le testament que sa bru lui avait confié.

Et la pauvre femme, qui ne voyait plus que par les yeux de son mari, écrivait à madame Garat :

« Charles voit par mes yeux, sent ce que je sens, enfin n'est plus guère lui-même, ce qu'il avoue très-gentiment vingt fois par jour. Je ne puis t'exprimer combien il m'aime. Rien n'est doux comme de pouvoir s'appuyer ainsi sur l'amour d'un être plus fort que soi, qui vous protége sans vous dominer. Nous avons été à Tulle pour deux jours; la préfette, sœur d'Odilon Barrot, a été charmante pour moi. Je ne puis te dire combien on m'a témoigné d'indulgence; on me choie, on me fête ; je fais des frais de mon côté, et j'ai réussi au delà de mes vœux ; mon mari est ravi de cela, sa famille est toute fière et heureuse ; enfin, ils m'appellent leur bénédiction, et je ne saurais assez les aimer pour tout ce qu'ils me témoignent d'affection, de soins, de bonheur. »

Ce bonheur durait encore au mois d'octobre, elle écrivait encore à sa tante :

« Je suis toujours une heureuse et gâtée personne ; Charles me fait la cour assidue d'un prétendant, m'accable de tendresse, de soins, d'adoration.... Vraiment, je remercie Dieu du fond de mon âme, et du Charles qu'il m'a donné, et de la vie qu'il a ouverte devant moi. Seules vous me manquez... Adieu, ma chère petite tante ; je t'écris comme un chat, et je t'aime comme un chien. »

Elle était chargée d'écrire à Villers-Hellon, et d'y faire l'éloge de l'invention de son mari. Elle s'en acquitta en toute conscience.

Enfin, Lafarge partit pour Paris.

VI

Un personnage mystérieux.

Aux forges du Glandier était un commis qui tranchait du maître ; plein de morgue et d'insolence avec ses subordonnés et d'une familiarité de mauvais ton avec M. Lafarge.

Rien, cependant, ne semblait le recommander à l'estime de celui-ci ; c'était un individu d'une intelligence plus que médiocre, d'un travail irrégulier, d'une conduite mauvaise, d'un caractère détestable.

Mais chacun le respectait et le craignait, comme on craint ces mauvais chiens inutiles et hargneux que leur maître garde par une sorte d'affection maniaque.

Cet homme se nommait Denis Barbier.

Au Glandier il n'était connu que du nom de Denis.

Pourquoi?... On va l'apprendre, et ce n'est pas insignifiant.

Lafarge partit pour Paris au commencement de décembre.

Le 14, il avait pris un brevet.

Le 14 ou le 15, Denis, parti secrètement du Glandier sur un avis de Lafarge, arrivait à Paris.

Que se passait-il entre ces deux hommes?

Cela est demeuré un mystère. Mais cependant sur ce mystère un fait, dont a eu les preuves, jette une lueur surprenante.

Lafarge avait passé 30,000 francs de billets faux à un certain Antoine Roch; ces billets étaient signés Barbier, et Denis Barbier leur avait trouvé des endos de complaisance, à 25 centimes pièce.

Lafarge et son commis étaient donc liés par une complicité criminelle.

Or l'échéance était prochaine.

Ces faits, selon nous, sont d'une importance capitale.

Il fallait se hâter de réaliser l'emprunt sur Villers-Hellon.

Denis était allé surveiller son complice. Car si celui-ci ne payait pas, on rechercherait le sieur Barbier !

Cependant au Glandier on paraissait fort tranquille; personne n'avait remarqué le départ de Denis. Madame Lafarge avait envoyé à son mari une procuration illimitée pour la vente de ses biens.

Elle s'occupait aussi à lui préparer à son retour d'agréables surprises.

Elle avait fait venir une demoiselle Brun et l'avait priée de faire son portrait.

Il fut convenu qu'on lui enverrait des gâteaux. Marie pria sa belle-mère de les annoncer. On en parla même avant le départ de Denis Barbier.

Le 16 décembre on mit, à la voiture de poste d'Uzerches, une boîte contenant un gâteau énorme. Cette boîte n'était fermée que par un verrou et une corde.

Elle arriva le 18.

Une lettre d'envoi de la main de Marie priait Lafarge de manger le gâteau le soir, en lui disant qu'on en ferait autant au Glandier en pensant à lui.

Ce fut Denis qui avertit Lafarge de l'arrivée de la caisse.

La caisse avait été ouverte et clouée. Lafarge venait de dîner en ville, il était onze heures; il ne fit pas grand honneur à ce gâteau sympathique. Il en cassa néanmoins un petit morceau de croûte et le mangea.

C'était d'un honnête et fidèle mari.

D'ailleurs, depuis son départ, il s'était épris plus que jamais de sa femme. Il lui écrivait régulièrement chaque jour les lettres les plus affectueuses.

Mais le gâteau ne lui réussit pas.

Pendant la nuit et pendant toute la journée du lendemain, il fut en proie à des coliques et à des vomissements. C'était à se croire empoisonné.

La lettre quotidienne manqua au Glandier, Marie en marqua une vive inquiétude.

Le 20, l'explication de ce retard arriva.

Néanmoins, Lafarge termina activement ses affaires. Il empruntait à un notaire de Soissons 25,000 francs avec la procuration de sa femme et se mettait en route.

Denis l'avait précédé depuis plusieurs jours et était rentré sans qu'on se fût aperçu de son absence.

— « Je suis le maître, à présent, moi ! dit-il à un domestique, et je puis mettre qui je veux à la porte. »

Il est très-fâcheux que l'on n'ait pas les dates authentiques du départ de ce coquin pour Paris et de son retour au Glandier.

Il est certain qu'il était encore au Glandier le 12 *décembre*, car il fut chargé par Marie d'acheter de l'arsenic chez M. Eyssartier, pharmacien.

La lettre de demande était ainsi conçue :

« Je suis dévorée par les rats, monsieur. Déjà j'ai essayé du plâtre, de la noix vomique, rien n'y fait. Voulez-vous ou pouvez-vous me confier quelque peu d'arsenic ? Vous pouvez compter sur ma prudence, c'est pour mettre dans un cabinet où il n'y a que du linge.

» Je voudrais bien avoir quelque peu de tilleul et de fleurs d'oranger.

» Veuillez agréer, etc.

» MARIE LAFARGE, *du Glandier*.

» Je voudrais un quart d'amandes douces. »

Lafarge arriva le 5 janvier au Glandier. Il était fatigué et malade. A Uzerches il avait laissé sa valise quelque temps, elle renfermait 30,000 francs, dit-il ; lorsqu'il rentra au Glandier, sa mère ouvrit sa valise et n'y trouva que trois ou quatre mille francs.

VII

L'arsenic.

Il était épuisé ; à peine eut-il embrassé sa femme et ses parents qu'il se mit au lit.

Il avait des vomissements violents.

Marie se désolait.

Son beau-frère s'efforçait de la rassurer.

Mais la belle-mère était rien moins que rassurante.

— Cela m'a tout l'air d'un empoisonnement, dit-elle dès le premier jour. Mon fils a quelque ennemi à Paris qui l'aura empoisonné.

— Mais c'est invraisemblable !...

— Vous croyez?... Eh bien ! ce que souffre mon fils, mon mari l'a souffert. Le même mal, absolument le même. Comment mon mari est-il mort?... Empoisonné.

— Empoisonné! se récria Marie avec épouvante.

— Oui, ma fille. Dans un souper, un rival l'empoisonna dans un morceau de nougat. Charles me rappelle son père, même souffrance, mêmes symptômes.

Marie fut vivement impressionnée de cette histoire.

Le lendemain elle la rapporta au docteur Bardou et lui fit part de ses craintes.

— Chimères! chère madame, lui répondit le docteur.

— Tout le monde ici, docteur, partage cette idée.

— Je vous assure, madame, que pas un seul symptôme ne vient à l'appui de cette opinion.

— Mais à quelles causes attribuez-vous les souffrances de mon mari?

— La maladie de M. Lafarge a deux causes : une angine et une inflammation de l'estomac. Quant à l'affection à laquelle a succombé le père de votre mari, — c'est moi qui l'ai soigné, et je puis l'affirmer, — elle était naturelle. M. Lafarge et sa mère s'effrayent volontiers.

— Enfin docteur, qu'espérez-vous?

— Le sauver.

— Et pour cela, docteur?

— Je vais cautériser légèrement la gorge et arrêter les spasmes de l'estomac.

En effet, le docteur apporta un peu d'alun en poudre qu'il mêla avec du sucre et le souffla dans la gorge du malade.

Celui-ci se démena beaucoup et dit que cela le brûlait.

Il était d'ailleurs extrêmement irritable, et ne pouvait prendre un instant de repos.

Il se plaignait du tapage que faisaient les rats dans les plafonds.

— Mais, répondit Marie, M. Denis a été chercher de l'arsenic, il en a fait une pâte, ces animaux en mangent et ne s'en portent pas plus mal. Je vais en redemander.

Et aussitôt elle écrivit le billet suivant, auquel M. Bardou joignit une ordonnance :

« Monsieur,

» Mon domestique ayant sottement manipulé une mort aux rats, il m'en a fait une pâte si compacte, si pourrie, que M. Bardou m'a refait une petite ordonnance que je vous envoie, monsieur, afin de mettre votre conscience à l'abri et ne pas vous laisser croire que je veuille pour le moins empoisonner tout le Limousin.

» Je voudrais bien avoir quelques onces de gomme arabique en poudre; je voudrais aussi, monsieur, que vous eussiez la bonté de m'envoyer le montant de ma petite dette, qui doit être assez grossie.

» Veuillez recevoir, etc.

» P. S. Voudriez-vous aussi m'envoyer de la tisane de fleurs de mauve, quelques racines de gimauve et du bouillon blanc?

» Mon mari est un peu souffrant d'un commencement d'angine; mais M. Bardou m'assure que la fatigue de la route y est pour beaucoup et que le mieux ne peut tarder à venir avec le repos.

» MARIE LAFARGE. »

Il n'en devait pas être ainsi.

L'état de Lafarge empirait rapidement.

Des vomissements violents l'épuisaient. Tout le monde lui donnait des soins.

Tout le monde; Denis Barbier n'était pas excepté.

Mort de Lafarge.

C'était lui qui avait été chercher l'arsenic; il en avait, la dernière fois, demandé 64 grammes et n'avait pas utilisé la première dose à la mort-aux-rats.

Ce n'était pas lui qui était soupçonné.

Des soupçons ne pouvaient-ils pas s'élever contre lui?

Nous ne voulons pas l'accuser formellement, mais nous voulons démontrer que s'il y eut, comme on l'a pensé, un empoisonnement, des présomptions graves existaient contre lui qui ne furent pas relevées.

Madame Lafarge la mère, après avoir ressassé la légende du nougat, en était arrivée, au bout de deux ou trois jours, à tourner les soupçons sur sa belle-fille.

Denis, — encore Denis, — s'était empressé de leur faire un écho bruyant.

Cependant Marie aussi était malade, et chose étrange, souffrait de maux d'estomac et de vomissements continuels.

Après trois nuits passées par madame Lafarge au chevet de son fils, Marie la pria de se reposer et s'offrit a passer la nuit; la belle-mère refusa.

Marie insista; la belle-mère lui répondit par des injures.

Peu après cette scène pénible, M. Bardou trouva l'état du malade tellement inquiétant qu'il fit demander un de ses confrères M. Massenat.

Celui-ci vint le 10.

Il n'eut aucun soupçon d'empoisonnement, et se contenta de rédiger une ordonnance pour combattre les spasmes de l'estomac. Puis, afin de rendre quelque force à l'organe de la digestion, on fit prendre au malade un peu de lait de poule.

Il le vomit aussitôt.

On lui donna ensuite un peu de pain trempé dans du vin, qui passa.

Alors la belle-mère interpella Marie :

— Dites-moi, madame, a-t-on mis quelque chose dans le lait de poule pour calmer M. Lafarge ?

— On y a mis de la fleur d'oranger.

— Mais, madame, on doit y avoir mis autre chose.

Marie garda le silence.

Mademoiselle Anna Brun appela alors la mère du malade.

VIII

Anna Brun.

Cette demoiselle est encore un bien singulier personnage.

Appelée au Glandier par Marie, elle semble s'y croire moins chez celle-ci que chez madame Lafarge la mère.

Elle est attentive à plaire à tout le monde, excepté à Marie. Une des premières elle accepte les soupçons de la vieille dame. Marie Cappelle n'était cependant pas antipathique, loin de là.

— Venez donc, madame, voir quelque chose de singulier.

— Qu'est-ce mademoiselle?

— Sur ce reste de lait de poule, regardez, ne voyez-vous rien?

— Non.

— Vous ne voyez pas quelque chose de blanchâtre?

— Oui, tout de même, il me semble; appelez donc madame Buffières.

Celle-ci accourut et crut aussi voir des globules albumineux sur le lait de poule.

— Il faut le mettre de côté et le montrer au docteur.

On convint de surveiller Marie.

Mademoiselle Brun déploya un grand zèle.

Elle se rappela qu'elle avait remarqué dans le tiroir d'une commode une traînée de poudre blanche et un petit pot contenant une substance semblable.

Elle observa que Marie mêlait une poudre blanche à ses remèdes et à ceux de son mari.

Elle lui avait dit que c'était de la gomme.

Était-ce bien de la gomme?

Le lendemain, les dames Lafarge et Buffières soumirent mystérieusement le lait de poule à l'examen du docteur Bardou.

Examen fait :

— Ce sera peut-être de la chaux, dit-il, qui se sera détachée en petite quantité des parois d'une cloison.

Ces dames n'acceptèrent cette explication que sous bénéfice d'inventaire.

Elles cherchèrent à reproduire le même effet avec de la chaux, elles n'y purent parvenir et demeurèrent convaincues que c'était de l'arsenic.

Alors mademoiselle Brun fut prendre de la poudre blanche qui se trouvait dans le petit pot et l'apporta à madame Lafarge mère.

Elles en mirent une pincée sur un charbon ardent et crurent remarquer qu'elle exhalait une odeur d'ail.

La même expérience fut faite pour un précipité blanc trouvé au fond d'un verre ayant contenu de l'eau panée ; elles y trouvèrent la même odeur.

Plus de doute !...

— Tandis que je travaillais près de la cheminée, dit Anna Brun, madame Marie a pris un verre plein d'eau panée rougie, puis une cuillère, et *il m'a semblé* qu'elle y mêlait quelque chose. Après elle a donné à boire à monsieur Lafarge : — « *Ah ! Marie, ce que tu me donnes là ça me brûle.*

« Ce n'est pas étonnant, m'a dit alors madame Marie, on lui donne du vin et il a une inflammation. »

— Moi aussi, reprit la mère de Lafarge, moi aussi je me souviens l'avoir vue mêlant une poudre blanche à une potion destinée à mon fils. Elle m'a dit aussi que c'était de la gomme. Puis elle s'est empressée d'essuyer la cuiller avec soin. Il est temps de couper court à ces infamies, et puisque M. Bardou ne veut rien voir, nous allons faire avertir M. Jules Lespinasse, à Lubersac.

Sans plus tarder, Denis fut chargé d'aller à Lubersac et d'y informer le docteur Lespinasse des soupçons formés au Glandier.

Denis, en ramenant le docteur, lui parla des achats d'arsenic dont l'avait chargé madame Marie, et ajouta, — ce qui était une calomnie, — qu'elle lui avait demandé le secret.

M. Lespinasse arriva dans la nuit du 13. Marie fut éloignée.

Madame Lafarge et sa fille racontèrent au docteur tous les faits qui avaient éveillé leurs soupçons, et ce dernier envoya chercher du contre-poison, du peroxyde de fer.

La fille Brun ajouta qu'ayant mis sa main devant la bouche de M. Lafarge, elle l'avait flairée ensuite et qu'elle sentait l'ail!...

On convint d'avertir le malade.

— Mon pauvre fils, dit la mère, tu es empoisonné.

— Quoi! vous croyez?... répondit celui-ci. Faites des recherches, tâchez de découvrir le coupable. Je poursuivrai.

A ces paroles, la mère éplorée se pencha vers son fils et l'embrassa en sanglotant.

Madame Buffières et le médecin se tenaient à l'écart, causant à voix basse, quand soudain, la mère, en se redressant, poussa un cri de surprise et d'horreur.

Marie était rentrée, et, pâle, les mains jointes, en larmes, se tenait appuyée au pied du lit du malade.

— Dieu !... qu'est-ce que je vois ! s'écria madame Lafarge mère en la désignant.

Marie tressaillit ; puis de sa voix douce et pénétrante :

— Une infortunée qui pleure, madame, répondit-elle. Je n'ai ici que mon mari... je l'aime...

L'émotion lui coupa la parole ; mais l'accent si vrai de cette émotion désarma un moment ses ennemis.

Elle se retira, à pas lents.

Lafarge ne dit pas un mot pour la retenir.

Le lendemain, lorsqu'elle se présenta chez lui, il parut la voir avec répugnance, et une sorte de terreur fort explicable après les scènes qui précèdent.

— Tu me fais mal ; va-t'en, lui dit-il.

Le 14 janvier, avant que le jour fût élevé, Marie fut réveillée par un bruit inaccoutumé. Toute la maison était sur pied. Peu après, Clémentine entra, sa chandelle à la main.

— Madame, dit-elle, dormez-vous?
— Non, ma fille, que se passe-t-il donc?
— Ah! j'ai peur de vous frapper...
— Parle; M. Lafarge est plus mal?...
— Il est mort, madame.

Et Clémentine se prit à sangloter.

— Ne te désole pas ainsi, chère enfant.
— Oh! madame, ce n'est pas pour lui au moins... mais c'est pour vous!... Si vous saviez!... Toutes ces vilaines femmes... elles disent tout haut que c'est vous qui l'avez empoisonné!... Oh...! madame, qu'allons-nous devenir ici?
— A quelle heure est-il mort?
— A six heures... Ne descendez pas, je vous en supplie. Ma chère dame, ces gens-là vous étrangleraient. Ils ont monté contre vous tous les domestiques de la maison. Nous sommes ici comme deux pestiférées. Ah! ce n'est pas à Paris que ça se passerait comme cela!... Mais dans cet affreux trou, dans ce pays de sauvages... Mon Dieu!... les entendez vous?...

En cet instant... (le cadavre était encore chaud), madame Lafarge mère, d'accord en cela avec sa fille et son gendre, laissait forcer par un serrurier un secrétaire à secret qui renfermait les papiers de Marie Cappelle.

A moins de descendre dans des détails infinis, nous ne pourrions raconter tous les incidents cruels de cette journée de mise en accusation et d'insulte contre Marie Lafarge.

Innocente ou coupable, cette malheureuse, enfermée chez elle, repoussée, insultée, menacée, dut cruellement souffrir.

Nous l'avons vue libre, heureuse, aimée à Villers-Hellon et à Paris, nous pouvons imaginer ce qu'elle souffrait alors au Glandier.

Le bruit de ce drame intime se répandit vite dans le pays; il courut comme le feu sous bois.

Le 15, vingt-quatre heures après la mort de Lafarge, M. le procureur du roi se transporta au Glandier.

En route, il rencontra le docteur Bardou, qui, depuis quatre jours, n'avait pas revu son malade ; le docteur fut plus qu'étonné.

— Eh quoi! empoisonné! se récria-t-il ; mais c'est impossible, on vous aura trompé.

Il serait bien malheureux que quelque *enthousiaste* de cette famille allât la lancer dans une affaire terrible, peut-être inconsidérément.

Nous rapportons les paroles textuelles.

Cet avis n'était partagé par aucun des autres médecins. Selon eux, au contraire, l'empoisonnement — même avant l'autopsie — était un fait certain.

IX

L'Instruction.

Le 16 l'autopsie fut pratiquée.
Il n'en résulta aucun indice certain.

On voit, du reste, que les docteurs n'étaient pas forts en pratique de médecine légale ; aussi, l'estomac, les intestins, les digestions, les remèdes suspects furent placés dans des vases qu'on négligea de sceller et ainsi expédiés à Brives dans un panier.

Quatre médecins, dont trois avaient donné leurs soins à M. Lafarge, furent chargés de procéder à une analyse dans l'officine du pharmacien Lafosse.

C'étaient MM. Bardou, Massenat, Lespinasse et Tournadon.

L'analyse à laquelle se livrèrent ces messieurs fut incomplète, au point de vue de la science. Nous ne le rapporterons point de crainte de fatiguer l'attention du lecteur, qui, moins que ces messieurs, est versé dans la connaissance des analyses médico-légales.

Nous nous bornerons à citer les conclusions du rapport des médecins experts.

Ces conclusions furent données à la date du 12 janvier. — Les voici :

1° Que le lait de poule contenait une grande quantité d'acide arsénieux ;

2° Que l'eau sucrée contenait également une quantité considérable de cet acide ;

3° Que l'eau sucrée, l'eau gommée, le sucre en poudre n'en contenaient point ;

4° Que les déjections n'en contenaient point ;

5° Que les liquides contenus dans l'estomac et les

parois de cet organe lui-même contenaient de l'acide arsénieux;

6° Que la mort de Charles-Joseph Lafarge était le résultat d'un empoisonnement causé par l'absorption de l'acide arsénieux.

X

Emma Pontier.

Cependant quelques bonnes âmes vinrent spontanément au secours de cette infortunée.

Au sein même de cette famille hostile, Marie Cappelle trouva une amie dévouée, mademoiselle Emma Pontier, jeune fille aussi bonne que jolie, qui n'avait jamais partagé les soupçons de ses parents et qui eut le courage de sa conviction et de son amitié.

Clémentine, un ou deux domestiques et Emma Pontier tenaient encore le parti de la *Parisienne* ou de *l'empoisonneuse*, comme on appelait Marie.

Un jour, cette dernière demanda à Clémentine si elle avait employé entièrement les 64 grammes d'arsenic, rapportés le 12 par Denis, à faire de la mort-aux-rats.

— Mon Dieu, madame, répondit Clémentine troublée, je vous supplie de me pardonner, mais je ne m'en suis pas servie.

— Comment !...

— Madame m'avait dit que c'était si dangereux, si dangereux, que j'en ai eu peur. J'ai bien fait une pâte, mais je n'y ai pas mis de poudre.

— Et qu'avez-vous fait du poison ?

— Je l'ai caché.

— Où cela ?

— Au fond d'un vieux chapeau, dans la chambre de M. Lafarge.

— Allons vite la chercher, dit Emma à la femme de chambre.

Au grand mécontentement des parents, elles pénétrèrent toutes deux dans la chambre mortuaire ; mais elles cherchèrent en vain ; le vieux chapeau était toujours là, mais le sac de *poudre* avait disparu.

Qu'était-il devenu ?

On ne l'apprit que plus tard.

Un autre domestique l'ayant trouvé s'en était effrayé également et l'avait enterré dans le jardin.

Sur ces indications on le découvrit. Il contenait en effet 64 grammes de poudre blanche; mais cette poudre, au lieu d'être de l'arsenic, était du bi-carbonate de soude, substance inoffensive.

Le pharmacien avait-il trompé Denis ou celui-ci avait-il gardé l'arsenic et opéré une substitution ?

C'est un des points mystérieux de cette histoire.

Cependant un jeune avocat de Brives, M. Charles Lalande, prévint Marie Cappelle qu'elle était sous le coup d'une arrestation, et lui offrit les moyens de fuir à l'étranger.

Marie le remercia.

— Fuir, lui dit-elle, ce serait donner à croire que je suis coupable ; je resterai.

Elle fit mieux.

On se souvient des 30.000 francs de faux billets passés à M. Antoine Roch. Quelques jours avant la mort de son mari, elle s'était engagée à les payer, et, après la mort de celui-ci, elle en répondit légalement.

Ainsi elle eût pu fuir et éviter la ruine ; elle ne voulut pas.

Etrange inconséquence de la part d'une empoisonneuse.

Enfin, le 25 janvier, en vertu d'un mandat d'amener, elle fut arrêtée et écrouée à la maison d'arrêt de Brives.

Elle choisit pour défenseurs deux jeunes avocats du barreau de Tulle : M. Théodore Bac et M. Lachard.

Ces deux jeunes gens, comme on le sait, ont fait tous deux leur chemin.

L'instruction criminelle était déjà très-avancée, lorsque s'éleva contre la prévenue une prévention nouvelle. Marie Cappelle était accusée d'avoir, en 1839, étant à Buzagny, près Pontoise, chez la vicomtesse de Léautaud, dérobé à cette dame plusieurs diamants.

XI

Les diamants de madame de Léautaud.

Il y aurait un livre bien curieux à écrire sous ce titre : *Les Amies de pension*.

Vous vous souvenez que Marie Cappelle s'était liée, à Saint-Denis, avec Marie de Nicolaï. Lorsqu'elle eut perdu ses parents, Marie Cappelle retrouva à Paris mademoiselle de Nicolaï, mariée au vicomte de Léautaud.

Vous n'avez pas oublié peut-être les confidences de la jeune vicomtesse à son amie. Elle avait aimé avant son mariage un jeune homme sans fortune, Félix Clavé.

Une correspondance s'était établie entre elle et son amant platonique; et, depuis son mariage, elle avait cru le reconnaître parmi les comparses de l'Opéra, et sans grande estime pour le premier objet de sa passion, elle craignait le *chantage*.

Sur ces entrefaites, elle était partie pour sa terre de Buzagny, emmenant avec elle son amie de pension, mais toujours et plus que jamais poursuivie par le fantôme de Félix Clavé, le propriétaire de lettres compromettantes.

Lors de l'instruction, des lettres de madame de Léautard à madame Lafarge furent saisies, et il résulta de leur lecture une information à laquelle la vicomtesse répliqua par une accusation de vol lancée contre son ancienne amie.

Que répondit Marie Lafarge au juge d'instruction?... Elle l'a dit plus tard : *Une bêtise*.

D. On a trouvé chez vous, au Glandier, des diamants d'une monture ancienne. De qui tenez-vous ces diamants?

R. Il m'ont été envoyés *par un parent dont je ne sais pas le nom*.

D. Où demeure ce parent?

R. Je ne sais où, à Toulouse, je crois.

D. Mais vous devez savoir comment ils vous sont parvenus?

R. Ils me sont arrivés par une voie que je ne connaissais pas.

D. La propriété de ces diamants vous est contestée; vous devez en justifier; votre honneur, votre intérêt y sont engagés.

R. Je le comprends. C'est en effet une question d'honneur, et je crois devoir garder le silence.

D. Une personne réclame ces diamants, vous serez accusée de vol.

R. La personne de qui je tiens ces diamants ne restera pas longtemps sans venir me justifier.

On ne peut imaginer réponses plus maladroites.

Mais, dans son ignorance, elle croyait que le magistrat instructeur s'en contenterait.

Les défenseurs, alarmés, vinrent l'arracher à cette illusion funeste et lui demandèrent une explication.

Elle leur raconta alors qu'en 1839, madame de Léautaud, obsédée par les craintes, dont nous avons parlé, avait imaginé de se procurer de l'argent pour acheter le silence de M. Félix Clavé.

Déjà elle avait eu recours à la bourse de Marie, qui lui avait prêté 180 francs, mais celle-ci ne pouvait, à l'insu de sa tante, disposer d'une somme considérable.

Madame de Léautand lui proposa de vendre de vieux bijoux de famille.

Elle y consentit. Cependant il fallait justifier devant le mari de la disparition des diamants, et l'imagination romanesque de la vicomtesse suppléa à cet embarras en donnant à supposer un vol. Elle abandonna pendant quelques heures les diamants sur une table, puis les reprit, les remit en secret à Marie Cappelle, et se plaignit d'avoir été volée.

Marie partit pour Paris et y rencontra M. Lafarge.

On sait avec quelle rapidité fut conclu le mariage et comment le jour même où il fut légalement accompli, les deux époux montèrent en chaise de poste.

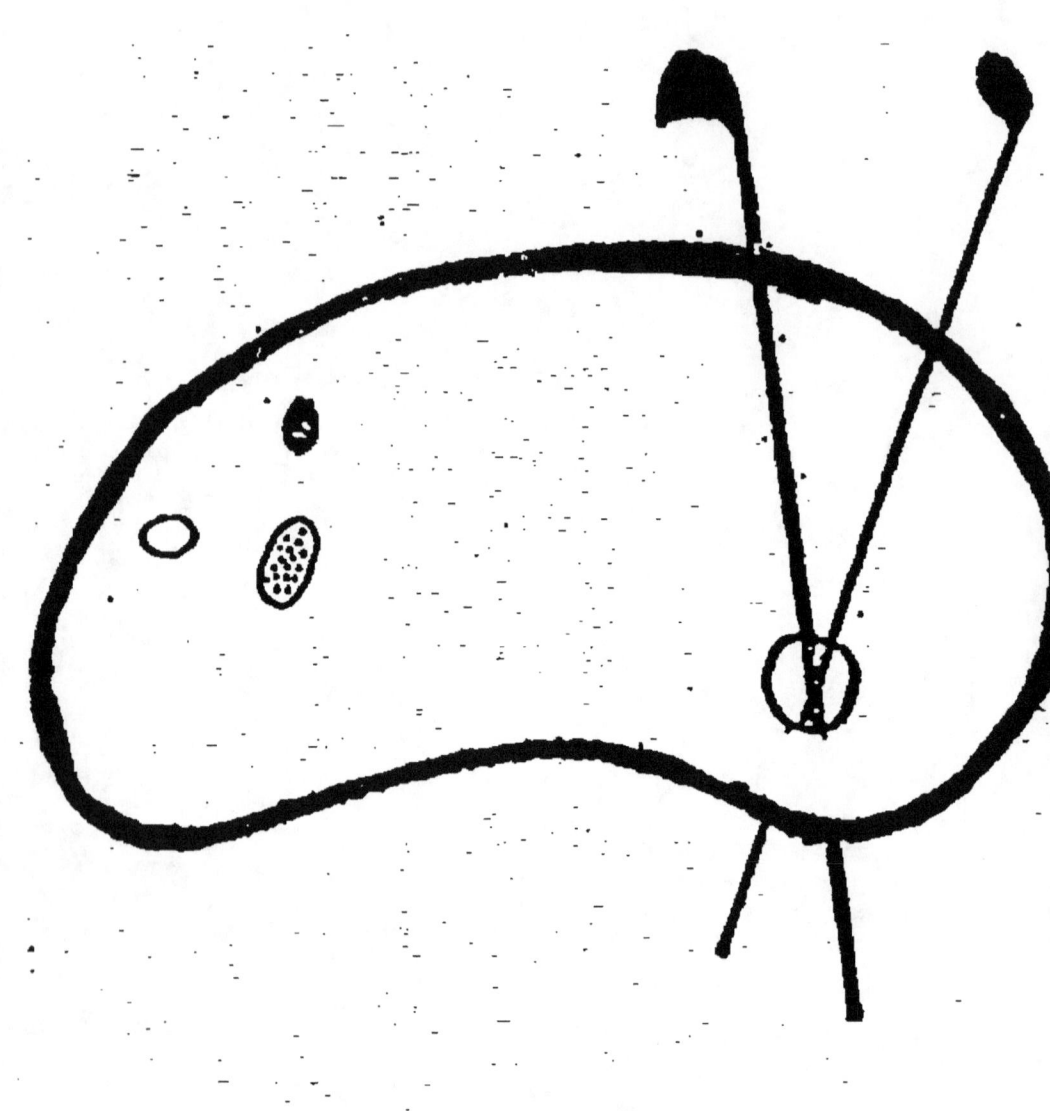

DEBUT D'UNE SERIE DE DOCUMENTS EN COULEUR

Cet ouvrage fait partie de la belle collection des GRANDS DRAMES DE LA COUR
D'ASSISES, publiés par Arthème Fayard, éditeur 49, rue des Noyers, à Paris.
Abonnement: un an, 52 brochures ; PRIX : 6 fr. 50.
10 centimes chaque numéro de 32 pages, *chez tous les libraires.*
Un numéro d'essai, avec le prospectus, est envoyé gratuitement
aux personnes qui le demandent à l'éditeur par lettre affranchie.
CHAQUE DRAME SE VEND AUSSI SÉPARÉMENT :

	cent.		cent.
FUALDÈS, par Jules Beaujoint..	60	Lemoine et sa fille, par Charles Diguet........	25
BENOIT LE PARRICIDE, par de la Brugère........	25	LE FRÈRE LÉOTADE, par Gaston de Tayac........	40
L'ARMOIRE D'ACAJOU, par Alexandre Dumas........	15	LE SÉMINARISTE BERTHET, par Alfred de Bougy........	35
UN BAL SANGLANT, par de la Brugère........	10	L'ENFANT DE LA VILLETTE, par Turpin de Sansay........	50
LE CURÉ MINGRAT, par Jules Beaujoint........	25	LE COCHER COLLIGNON, par Théodore Labourieu........	25
SUREAU, *le perruquier amoureux,* par Jules Beaujoint........	15	LE CURÉ DELACOLLONGE, par de la Brugère........	25
HOMO, par de la Brugère......	10	Le curé ESNAULT, par Alfred de Bougy........	15
L'AUBERGE DE PEIREBEILHE 26 ans *d'assassinat, Martin Leblanc et Jean Rochette,* par Jules Beaujoint........	00	ARSÈNE ET JULIEN *ou la belle Arsène,* par Jules Beaujoint..	10
LE SOUTERRAIN DE CLIGNANCOURT *ou les dames de l'Hôtel Saint-Pharh* par de la Brugère....	15	LE CURÉ ROUBIGNAC, horribles tortures, atroces voluptés, par de la Brugère........	15
PAPAVOINE, par Adolphe Huard.	50	DUMOLLARD, par G. Sol........	60
COLLET, *le roi des Escrocs,* par Théodore Labourieu........	50	CAROLINE DE BRUNSWICK, par Alexandre Dumas........	90
LA LESCOMBAT, par Jules Beaujoint........	20	LE CURÉ RIEMBAUER, fornicateur, faussaire, assassin, empoisonneur, par Alfred de Bougy..	20
L'ASSASSIN DE LA FEMME SANS NOMS par Paul Mahalin.......	20	HILARION SANTOS ou un curé espagnol bourreau et victime, par Alfred de Bougy........	15
LE BARBE BLEUE PRUSSIEN, par Jules Beaujoint........	20	LE BAILLI DE GUERNESEY, par Alfred de Bougy........	10
VIRGINIE PIPER, *ou les grotesques de l'assassinat,* par G. Sol...	30	LACENAIRE, par Jules Beaujoint.	50
L'INSTITUTEUR VINCENDON, suborneur et meurtrier, par Alfred de Bougy........	15	LES PROCÈS DE BÉRANGER par Charles Coligny........	25
LE DRAME DE CHINON, madame			

Les GRANDS DRAMES de la COUR D'ASSISES publieront successivement les procès suivants :
La Roncière, le drame de la forêt de Fontainebleau, Verger, madame Lafarge, le drame de la Varenne-Saint-Hilaire, le Courrier de Lyon, Bocarmé, De Praslin, Contrafatto, De Jeufosse, Orsini, Fiéschi, Latour, Sallot, Marcellange, les empoisonneuses de Marseille, La Pommeraye, Castaing, Poncet, Philippe, les assassins du général Bréa, les assassins de saint Cyr enfin notre collection contiendra tous les procès célèbres. Pour les recevoir franco, en adresser le montant en timbres-poste à M. FAYARD, éditeur, 49, rue des Noyers, à Paris.

ouvrage fait partie de la belle collection des GRANDS DRAMES DE LA COUR D'ASSISES, publiés par Arthème Fayard, éditeur 49, rue des Noyers, à Paris. Abonnement: un an, 52 brochures ; PRIX : 6 fr. 50. 10 centimes chaque numéro de 32 pages, chez tous les libraires. Un numéro d'essai, avec le prospectus, est envoyé gratuitement aux personnes qui le demandent à l'éditeur par lettre affranchie. CHAQUE DRAME SE VEND AUSSI SÉPARÉMENT :

	cent.		cent.
ALDÈS, par Jules Beaujoint..	60	Lemoine et sa fille, par Charles Diguet..................	25
NOIT LE PARRICIDE, par de la Brugère..................	25	LE FRÈRE LÉOTADE, par Gaston de Tayac..................	40
ARMOIRE D'ACAJOU, par Alexandre Dumas..................	15	LE SÉMINARISTE BERTHET, par Alfred de Bougy..............	35
N BAL SANGLANT, par de la Brugère..................	10	L'ENFANT DE LA VILLETTE, par Turpin de Sansay............	50
CURÉ MINGRAT, par Jules Beaujoint..................	25	LE COCHER COLLIGNON, par Théodore Labourieu............	25
REAU, le perruquier amoureux, par Jules Beaujoint..........	15	LE CURÉ DELACOLLONGE, par de la Brugère..............	25
OMO, par de la Brugère......	10	Le CURÉ ESNAULT, par Alfred de Bougy..................	15
AUBERGE DE PEIREBEILHE 26 ans d'assassinat, Martin Leblanc et Jean Rochette, par Jules Beaujoint..................	90	ARSÈNE ET JULIEN ou la belle Arsène, par Jules Beaujoint..	10
E SOUTERRAIN DE CLIGNANCOURT ou les dames de l'Hôtel Saint-Pharh par de la Brugère.....	15	LE CURÉ ROUBIGNAC, horribles tortures, atroces voluptés, par de la Brugère..............	15
APAVOIRE, par Adolphe Huard.	50	DUMOLLARD, par G. Sol........	60
OLLET, le roi des Escrocs, par Théodore Laborieu..........	50	CAROLINE DE BRUNSWICK, par Alexandre Dumas............	90
A LESCOMBAT, par Jules Beaujoint..................	20	LE CURÉ RIEMBAUER, fornicateur, faussaire, assassin, empoisonneur, par Alfred de Bougy..	20
ASSASSIN DE LA FEMME SANS NOMS par Paul Mahalin......	20	HILARION SANTOS ou un curé espagnol bourreau et victime, par Alfred de Bougy..........	15
E BARBE BLEUE PRUSSIEN, par Jules Beaujoint..............	20	LE BAILLI DE GUERNESEY, par Alfred de Bougy............	10
RGINIE PIPER, ou les grotesques de l'assassinat, par G. Sol...	30	LACENAIRE, par Jules Beaujoint.	50
INSTITUTEUR VINCENDON, suborneur et meurtrier, par Alfred de Bougy..................	15	LES PROCÈS DE BÉRANGER par Charles Coligny..............	25
E DRAME DE CHINON, madame			

Les GRANDS DRAMES de la COUR D'ASSISES publieront successivement s procès suivants :
La Roncière, le drame de la forêt de Fontainebleau, Verger, madame Lafarge, drame de la Varenne-Saint-Hilaire, le Courrier de Lyon, Bocarmé, De Praslin, ontrafatte, De Jeufosse, Orsini, Fieschi, Latour, Sallot, Marcellange, les poisonneuses de Marseille, La Pommeraye, Custaing, Poncet, Philippe, les sassins du général Bréa, les assassins de saint Cyr enfin notre collection contendra tous les procès célèbres. Pour les recevoir franco, en adresser le ontant en timbres-poste à M. FAYARD, éditeur, 49, rue des Noyers, à Paris.

www.ingramcontent.com/pod-product-compliance
Lightning Source LLC
LaVergne TN
LVHW020952090426
835512LV00009B/1843